오늘
당신을
만납니다

오늘 당신을
만납니다
『만나지 않으면 변하지 않는다』 워크북

© 생명의말씀사 2019

2019년 2월 28일 1판 1쇄 발행

펴낸이 | 김재권
펴낸곳 | 생명의말씀사

등록 | 1962. 1. 10. No.300-1962-1
주소 | 서울시 종로구 경희궁1길 5-9(03176)
전화 | 02)738-6555(본사) · 02)3159-7979(영업)
팩스 | 02)739-3824(본사) · 080-022-8585(영업)

지은이 | 김형국

기획편집 | 서정희, 장주연
디자인 | 윤보람
인쇄 | 영진문원
제본 | 정문바인텍

ISBN 978-89-04-13212-6 (03230)

저작권자의 허락없이 이 책의 일부 또는 전체를
무단 복제, 전재, 발췌하면 저작권법에 의해 처벌을 받습니다.

나만의 예수를 만나는
묵상 노트

오늘 당신을 만납니다

『만나지 않으면
변하지 않는다』
워크북

김형국 지음

생명의말씀사

당신을 찾아오시는 예수에
눈뜨게 되시기를…

목차

들어가며_ 예수를 만난 사람들의 이야기, 당신의 이야기 · 8

1. 만남의 순간, 하나

누구도 모르는 고통 가운데 있는 당신을 만난다 · 12

2. 만남의 순간, 둘

숨어서 우는 외로운 당신을 만난다 · 30

3. 만남의 순간, 셋

무한경쟁, 전쟁 같은 삶에 무너진 당신을 만난다 · 48

4. 만남의 순간, 넷

    껍데기만 남은 종교 생활에 길을 잃은 당신을 만난다 　·64

5. 만남의 순간, 다섯

    아무 의미 없이 바쁘고 피곤한 당신을 만난다 　·80

6. 만남의 순간, 여섯

    그리고 오늘 당신을 만난다 　·96

들어가며

예수를 만난 사람들의 이야기, 당신의 이야기

　2천 년 전부터 오늘에 이르기까지 많은 사람이 자신의 삶 속에 찾아오신 예수를 만났다고 고백합니다. 인생의 중요한 순간에 찾아온 이 만남은 그들의 인생을 바꾸어 놓았고, 변화된 그들은 또 다른 사람들과 세상의 변화를 끌어내기도 했습니다.

　이 책은 사복음서에 그려진 예수와 그를 만났던 사람들의 이야기를 담은 책 『만나지 않으면 변하지 않는다』를 디딤돌로 삼아 오늘 나의 실존, 나의 심연에 찾아오시는 예수를 만날 수 있도록 돕기 위해 만들어졌습니다. 이 워크북은 『만나지 않으면 변하지 않는다』를 읽지 않아도, 성경 본문만을 가지고도 묵상과 그룹 토의를 할 수 있도록 디자인되었습니다. 하지만 성경 본문과 책을 함께 사용한다면, 더 큰 통찰과 도전을 얻을 수 있을 것입니다.

이 워크북을 다음과 같이 사용할 것을 권합니다. 첫 이야기부터 마지막까지 순서를 따라 다루는 것이 좋지만, 다섯 가지 이야기 중에서 먼저 관심이 가는 부분부터 읽고 묵상해도 좋습니다. 가능하면 각 장을 3일 정도에 나누어서 묵상하는 것을 추천합니다.

물론 이 모두를 하루에 할 수도 있고, 또는 셋째 날의 내용만을 다룰 수도 있습니다. 그러나 진정으로 나를 변화시키기 위해 찾아오시는 예수를 만나기 원한다면, 각자 조용한 시간을 내어서 그분을 깊이 생각하고, 나 자신을 성찰하는 것이 필요합니다. 예수에 대한 지식을 얻기 위해서가 아니라, 당신을 찾아오시는 예수를 만나고 싶다면 말입니다.

첫째 날은 성경 본문을 읽으면서 성경 본문 속에 나타난 예수와 그분을 만난 사람들을 관찰하고, 나의 삶의 정황과 나 자신과 나를 찾아오시는 예수님을 묵상합니다.

둘째 날은 『만나지 않으면 변하지 않는다』의 해당 장을 읽고 전날 살펴보았던 예수와 자신에 대해서 좀 더 깊은 묵상을 합니다(책을 읽지 않을 경우, 셋째 날로 곧장 넘어가도 됩니다).

셋째 날은 워크북의 질문들을 통해 좀 더 깊이 있는 질문에 답을 생각하면서 내면적 성찰을 더해 봅니다.

이렇게 개인적으로 묵상한 내용을 워크북에 잘 정리해서 일기나 에세이를 쓰듯이 적어 보는 것은 각자의 영적 성숙과 신앙 여정에 큰 도움이 될 것입니다. 그룹으로 또는 일대일로 토론할 때는 위의 과정을 마친 후에, 워크북의 질문을 통해 자신이 발견한 예수에 대해, 그리고 자신의 상황에 대해, 그 상황 속에서 만난 예수에 대해 이야기를 나누어 보십시오.

성경의 이야기들은 단지 2천 년 전의 죽은 이야기가 아닙니다. 왜냐하면 예수는 불변하시는 분이고, 또한 우리 인간 실존의 모습 또한 별로 변하지 않기 때문입니다. 살아 계신 예수는 오늘도 사람들을 찾아오십니다. 우리 각자의 삶의 현장에, 우리 마음의 한복판으로…. 이 이야기들을 통해서 다른 사람들이 설명하는 예수가 아니라, 당신을 찾아오시는 예수에 눈뜨게 되시기를 기도합니다.

나들목교회네트워크
하나님나라복음DNA네트워크
김형국 목사

"과연 누가 나의 고통을 헤아릴 수 있을까?
도대체 하나님이 계시기는 한 겁니까?
세월이 약이라는데….
지내 보면 그렇게 좋은 약은 아닌 것 같아요….
고통의 순간에는 세월조차 너무나 천천히 가거든요.
버틸 때까지 버티다가 이젠 내 자신을 포기하게 되네요.
울지 말라고요? 당신이 함께한다고요? 그게… 무슨 뜻이죠?"

누구도 모르는 고통 가운데 있는 당신을 만난다

1

만남의 순간, 하나
나인성 과부

그 뒤에 곧 예수께서 나인이라는 성읍으로 가시게 되었는데, 제자들과 큰 무리가 그와 동행하였다. 예수께서 성문에 가까이 이르셨을 때에, 사람들이 한 죽은 사람을 메고 나오고 있었다. 그 죽은 사람은 그의 어머니의 외아들이고, 그 여자는 과부였다. 그런데 그 성의 많은 사람이 그 여자와 함께 따라오고 있었다.

주님께서 그 여자를 보시고, 가엾게 여기셔서 말씀하셨다. "울지 말아라." 그리고 앞으로 나아가서, 관에 손을 대시니, 메고 가는 사람들이 멈추어 섰다. 예수께서 말씀하셨다. "젊은이야, 내가 네게 말한다. 일어나라." 그러자 죽은 사람이 일어나 앉아서, 말을 하기 시작하였다. 예수께서 그를 그 어머니에게 돌려주셨다. 그래서 모두 두려움에 사로잡혀서, 하나님을 찬양하면서 말하기를 "우리에게 큰 예언자가 나타났다" 하고, 또 "하나님께서 자기 백성을 돌보아주셨다" 하였다. 예수의 이 이야기가 온 유대와 그 주위에 있는 모든 지역에 퍼졌다.

_누가복음 7장 11-17절 (새번역)

---

1. 영화를 보듯이 이 장면을 상상해 보십시오.

2. 여주인공은 어떤 상태였을지 상상해 보십시오.

3. 나인성 과부에게 다가가시는 예수를 관찰해 보십시오. 어떤 특이한 점이 있습니까?

4. 나와 나인성 과부의 유사점이 있습니까? 이런 나를 향하여 예수는 어떻게 다가오시나요?

그저 긍정적으로만 보지 않고,
오히려 세상을 직시하고
직면하는 데서 출발합니다.

1 / 당신이 바라보는 세상은 어떤 곳인가요? 마냥 슬픈 세상인가요? 마냥 기쁜 세상인가요? 희로애락이 뒤섞여 흘러가는 곳인가요?

세상을 있는 그대로 바라보고 대면하는 것은 삶의 어두운 면에서 고개를 돌리지 않는 것입니다.

슬픔에 절어 어쩔 줄 모르는
사람을 만난 적 있습니까?

2 / 우리의 삶 속에서 고통을 피해 갈 수 있는 사람은 하나도 없습니다. 당신의 인생에 고통이 있다면 무엇입니까? 나인성 과부의 고통을 묵상하면서 어떤 면에서 당신의 고통과 닮았다고 느낍니까?

비록 나인성 과부가 겪고 있는 고통은 우리 인간이 겪을 수 있는 고통 중에 가장 큰 것이겠지만, 고통이란 당하는 자에게 늘 가장 큰 것이므로 고통의 정도를 비교할 필요는 없을 것입니다. 그 고통의 순간에 함께한 사람들이 있었나요?

고통 중에 하나님을
만난다는 것에
무슨 의미가 있을까요?

3 / 우리 인생에는 피할 수 없는 고통이 있습니다. 나의 고통과 나의 사랑하는 사람들의 고통에 대해서 묵상해 봅시다. 그런데 이 고통스런 인생길을 예수도 동일하게 지나가셨습니다. 예수가 태어나실 때부터 돌아가실 때까지 겪으신 고통에 대해서 묵상해 봅시다.

예수의 고통의 목록을 만든다면, 그 고통 가운데서 나의 고통과 비슷한 부분이 있다면 무엇일까요?

4/ 나인성 여인에게 다가가신 예수에게서 발견하는 놀라운 점은 무엇입니까? 예수는 우리의 고통을 관찰하시는 분이 아니라, 경험하여 알고 계실 뿐 아니라, 더 나아가 그 고통과 수치의 자리에 손을 대십니다. 나인성 과부의 아들의 관에 손을 대시고, 나병환자들의 환부에 손을 대며 치유하십니다.

당신이 겪고 있는 고통과 수치의 자리에 오시는 예수를 조용히 묵상해 보십시오.

절망 중에서도
하나님을 찾고
하나님을 우러르고
바라는 사람들 속에서
하나님은 일하십니다.

5/ 고통 가운데 있는 나인성 과부에게 "울지 말라"고 예수는 말씀하십니다. 어떤 위로도 도움이 되지 않는 상황에서 울지 말라고 말씀하신 예수의 마음은 무엇이었을까요? 끝이 아니라고, 그날이 찾아온다고, 내가 함께 있겠다고 말씀하시는 그 마음을 묵상해 봅시다.

예수를 따르는 이들은 "고통은 사라지지 않았다. 하지만 고통을 바라보는 관점이 바뀌었다"라고 고백합니다. 나의 고통에 "울지 말라" 하시는, 나를 향한 예수의 마음은 무엇입니까?

그분은 … 우리 인생에
날개를 달고 싶어 하시는
분입니다.

6/ 우리 인생은 자신에게 닥친 고통을 어떻게 이겨 내느냐에 달려 있습니다. 예수는 우리의 고통에 일회용 반창고를 붙여 주는 분이 아니십니다. 이 고통을 통해 오히려 우리를 만나 주시고, 이런저런 고통을 피할 수 없는 우리 인생길에 근원적인 힘과 소망을 주시는 분입니다.

나인성 과부를 찾아오신 주님이 오늘 당신에게 어떤 모습으로 찾아오십니까?

"아무도 나를 사랑하지 않고,
아무도 내 말에 귀 기울이지 않고,
아무도 내 마음속 아픔과 고민을 알아주지 않아요.
이 외로움은 부모나 친구와도 나눌 수가 없네요….
예수님이 나 같은 사람을 찾아오실까요? 설마… 아니겠지요.
내가 그럴 만한 가치가 있나요?
내 부모나 친구도 나를 부끄러워하는데, 나 같은 사람을?"

숨어서 우는 외로운
당신을 만난다

2

만남의 순간, 둘
사마리아 여인

예수께서 사마리아에 있는 수가라는 마을에 이르셨다. 이 마을은 야곱이 아들 요셉에게 준 땅에서 가까운 곳이며, 야곱의 우물이 거기에 있었다. 예수께서 길을 가시다가, 피로하셔서 우물가에 앉으셨다. 때는 오정쯤이 었다.

한 사마리아 여자가 물을 길으러 나왔다. 예수께서 그 여자에게 마실 물을 좀 달라고 말씀하셨다. 제자들은 먹을 것을 사러 동네에 들어가서, 그 자리에 없었다. 사마리아 여자가 예수께 말하였다. "선생님은 유대 사람인데, 어떻게 사마리아 여자인 나에게 물을 달라고 하십니까?"(유대 사람은 사마리아 사람과 상종하지 않기 때문이다.) 예수께서 그 여자에게 대답하셨다. "네가 하나님의 선물을 알고, 또 너에게 물을 달라는 사람이 누구인지를 알았더라면, 도리어 네가 그에게 청하였을 것이고, 그는 너에게 생수를 주었을 것이다."

여자가 말하였다. "선생님, 선생님에게는 두레박도 없고, 이 우물은 깊은데, 선생님은 어디에서 생수를 구하신다는 말입니까? 선생님이 우리 조상 야곱보다 더 위대하신 분이라는 말입니까? 그는 우리에게 이 우물을 주었고, 그와 그 자녀들과 그 가축까지, 다 이 우물의 물을 마셨습니다." 예수께서 말씀하셨다. "이 물을 마시는 사람은 다시 목마를 것이다. 그러나 내가 주는 물을 마시는 사람은, 영원히 목마르지 아니할 것이다. 내가 주는 물은, 그 사람 속에서, 영생에 이르게 하는 샘물이 될 것이다." 그 여자가 말하였다. "선생님, 그 물을 나에게 주셔서, 내가 목마르지도 않고, 또 물을 길으러 여기까지 나오지도 않게 해주십시오."

예수께서 그 여자에게 말씀하셨다. "가서, 네 남편을 불러 오너라." 그 여자가 대답하였다. "나에게는 남편이 없습니다." 예수께서 여자에게 말씀하셨다. "남편이 없다고 한 말이 옳다. 너에게는, 남편이 다섯이나 있었고, 지금 같이 살고 있는 남자도 네 남편이 아니니, 바로 말하였다." 여자가 말하였다. "선생님, 내가 보니, 선생님은 예언자이십니다. 우리 조상은 이 산에서 예배를 드렸는데, 선생님네 사람들은 예배드려야 할 곳이 예루살렘에 있다고 합니다."

예수께서 말씀하셨다. "여자여, 내 말을 믿어라. 너희가 아버지께, 이 산에서 예배를 드려야 한다거나, 예루살렘에서 예배를 드려야 한다거나, 하지 않을 때가 올 것이다. 너희는 너희가 알지 못하는 것을 예배하고, 우리는 우리가 아는 분을 예배한다. 구원은 유대 사람들에게서 나기 때문이다. 참되게 예배를 드리는 사람들이 영과 진리로 아버지께 예배를 드릴 때가 온다. 지금이 바로 그때이다. 아버지께서는 이렇게 예배를 드리는 사람들을 찾으신다. 하나님은 영이시다. 그러므로 하나님께 예배를 드리는 사람은 영과 진리로 예배를 드려야 한다."

여자가 예수께 말했다. "나는 그리스도라고 하는 메시아가 오실 것을 압니다. 그가 오시면, 우리에게 모든 것을 알려 주실 것입니다." 예수께서 말씀하셨다. "너에게 말하고 있는 내가 그다."

_요한복음 4장 5-26절 (새번역)

---

1. 시나리오를 읽듯이 이 대화를 읽어 보십시오. 대화의 흐름을 따라 가며 여인과 예수의 마음을 상상해 보십시오.

2. 사마리아 여인의 어떤 점이 나와 닮았습니까? 예수께서 이 여인에게 다가가기가 어떤 면에서 힘드셨을지 생각해 보십시오.

3. 사마리아 여인에게 다가가서 대화를 이끄시는 예수는 그녀의 내적인 갈망에 대해 어떤 진단을 하시고, 어떤 해결책을 주십니까?

4. 나의 내적인 갈망과 외로움을 예수는 어떻게 다루시는 것 같습니까?

7 / 누구나 사랑받고 인정받기를 원합니다. 그러나 이러한 갈망은 좀처럼 채워지지 않고 공백 상태로 남아, 우리 곁에서 외로움으로 자랍니다.

당신은 언제 가장 깊은 외로움을 느끼나요? 그 외로움을 예수께서 알고 계시다면, 당신은 어떤 기분이 들까요?

8 / 예수는 여인의 일차적 필요를 언급하며 사마리아 여인과 대화를 시작하셨습니다. "영원히 목마르지 않는 물을 주겠다."

요즘 당신의 일차적 필요는 무엇입니까?

누구나 사랑받기를 원합니다.
그러나 원했던 사랑을 받지 못하면
곧 외로움에 빠져듭니다.

9 / 사마리아 여인이 일생의 외로움을 해결하기 위해 찾아 헤맨 답은 남편이었습니다.

당신은 어떻습니까? 외로울 때, 사는 게 재미없을 때 '이건 아닌 것 같은데, 좀 더 나은 게 없을까?' 하며 찾는 것은 무엇입니까? 그것이 당신의 외로움의 문제를 해결해 줍니까?

예수는 우리가 스스로를
있는 그대로 보기를 원하십니다.

10 / 사마리아 여인과 같이 각각의 '남편'으로 외로움을 달래는 우리를 예수가 찾아오십니다. 사마리아 여인에게 장애물을 넘어서서 찾아오셨듯이, 예수는 당신에게도 관심을 가지고 찾아오십니다.

'나 같은 사람에게 예수가 관심을 가지실까?'라는 생각을 한다면, 당신은 당신의 어떤 면이 생각납니까?

11 / 예수는 갈증을 느끼고 있는 여인에게 다가가 일차적인 필요를 채우실 뿐 아니라, 근원적 해답을 제시하십니다. 사마리아 여인의 내면 세계에 발을 들인 다음에, 남편으로는 문제를 해결할 수 없다고 자각하게 하고, 근본적 해결책을 제시하십니다.

바로 예배입니다. 예배란 살아 계신 하나님과 인간이 인격적 사랑의 관계를 누리는 것입니다. 나의 외로움을 근원적으로 해결하시는 예수와의 인격적인 만남은 나에게 다가오시는 예수를 진심으로 받아들임으로 시작됩니다.

2천 년 전 사마리아 여인에게 다가가셨듯이, 오늘 당신에게 다가오시는 예수께 당신은 어떤 말씀을 드리고 싶습니까?

"당신 마음속에
내 마음이 있고,
내 마음속에
당신이 있어요."

12 / 하나님과 우정을 나누는 관계가 된다면 얼마나 좋을까요? 하나님은 그런 관계를 맺기 원하셔서 오늘도 우리에게 다가오십니다. 그럴 때 우리 안에 도사리고 있는 외로움, 삶의 순간순간마다 매번 다른 모양으로 다가오는 그 지긋지긋한 외로움이 그때마다 새롭게 극복되는 기쁨을 맛보게 됩니다.

살아 있고 진정한 예배를 배우고 누리기 위해서 당신은 무엇을 할 수 있을까요?

"내 인생, 이만하면 괜찮아.
아니야, 사실 안 괜찮아. 지쳤어…. 너무 허무하잖아.
성공에 눈이 멀었다고? 이만한 짓은 다 하고 살아.
이걸로 나를 나쁘다고 할 수 있을까?
세상이 다 그래. 나만 이런 게 아니잖아?"

무한경쟁, 전쟁 같은 삶에
무너진 당신을 만난다

3

만남의 순간, 셋
삭개오

예수께서 여리고에 들어가 지나가고 계셨다. 삭개오라고 하는 사람이 거기에 있었다. 그는 세관장이고, 부자였다. 삭개오는 예수가 어떤 사람인지를 보려고 애썼으나, 무리에게 가려서, 예수를 볼 수 없었다. 그가 키가 작기 때문이었다. 그래서 그는 예수를 보려고 앞서 달려가서, 뽕나무에 올라갔다. 예수께서 거기를 지나가실 것이기 때문이었다. 예수께서 그곳에 이르러서 쳐다보시고, 그에게 말씀하셨다. "삭개오야, 어서 내려오너라. 오늘은 내가 네 집에서 묵어야 하겠다." 그러자 삭개오는 얼른 내려와서, 기뻐하면서 예수를 모셔 들였다. 그런데 사람들이 이것을 보고서, 모두 수군거리며 말하였다. "그가 죄인의 집에 묵으려고 들어갔다."
삭개오가 일어서서 주님께 말하였다. "주님, 보십시오. 내 소유의 절반을 가난한 사람들에게 주겠습니다. 또 내가 누구에게서 강제로 빼앗은 것이 있으면, 네 배로 하여 갚아 주겠습니다." 예수께서 그에게 말씀하셨다. "오늘 구원이 이 집에 이르렀다. 이 사람도 아브라함의 자손이다. 인자는 잃은 것을 찾아 구원하러 왔다."

_누가복음 19장 1-10절 (새번역)

---

1. 당신이 영화를 찍는 카메라 감독이 되었다고 상상하고 이 본문을 읽어 보십시오.

2. 먼저 여리고성으로 들어와 뽕나무 앞으로 다가오시는 예수를 클로즈업하면서 그분의 표정과 마음을 상상해 보십시오.

3. 이번에는 삭개오를 클로즈업해 보십시오. 그의 행동과 얼굴 표정의 변화를 상상해 보십시오.

4. 세무 징수원으로 성공한 삭개오의 집에서 벌어진 잔치 중 삭개오의 선언과 예수의 답변의 의미를 묵상해 보십시오.

무한경쟁의 시스템에서
얼마나 많은 사람이
자신이 원하는
성공을 누리며 살까요?

13 / 거친 세상 속에서 살아남기 위해 삭개오는 수단과 방법을 가리지 않고 부를 축적했습니다. 지금도 많은 사람이 성공의 사다리에서 떨어지지 않으려 애를 씁니다. 하지만 극소수만 성공합니다. 그들마저 많은 것을 잃어버린 채로 성공합니다.

당신은 무한경쟁의 세상 속에서 무엇을 추구하며 살아가고 있습니까? 삭개오와 닮은 면은 무엇입니까?

14 / 주변을 돌아보면 살아가는 모습이 비슷비슷합니다. 그래서 '나 정도로 사는 것도 괜찮은 편이군', '다 이렇게 사는데 뭐' 하며 삶의 의미 추구를 포기하는 경우가 많습니다. 삭개오는 이런 면에서 많이 달랐습니다.

당신이 삭개오에게서 배울 수 있는 부분은 무엇입니까?

"오늘 구원이
이 집에 이르렀다!"

15 / 예루살렘성의 마지막 일정, 즉 십자가에 매달리는 절체절명의 순간을 앞두신 예수께서 여리고성에서 삭개오를 만나셨다는 것은 무엇을 의미합니까? 이 위험한 시도 뒤에 숨은 예수의 마음은 무엇일까요?

16 / 숨어서 예수를 살피고 있는 삭개오에게 다가오시고, 얼굴을 들어 나무 위에 숨어 있는 삭개오를 바라보며 그의 이름을 부르시는 예수의 목소리, 그분의 시선을 상상해 보십시오.

무한경쟁의 사회 속에서 살아가고 있는 당신을 향해 오셔서 당신의 이름을 부르시는 예수의 얼굴과 목소리, 그리고 마음은 어떨까요?

17 / 예수는 여리고성의 수많은 사람 중에서 마치 삭개오를 만나려고 오신 것처럼 삭개오를 만나십니다. 놀랍게도 그의 집에 머물겠다고 하십니다. 삭개오는 나무에서 떨어지듯 내려와 기뻐하며 예수를 맞아들입니다. 예수는 삭개오의 과거를 따지시지 않습니다. "함께 머물겠다. 친구가 되겠다"라고만 말씀하십니다. 그러자 삭개오는 재산의 절반을 가난한 이들에게 나누고, 누구에게든 사취한 것이 있으면 네 배로 갚겠다고 합니다.

예수는 오늘도 우리에게 다가오셔서, 우리와 함께하며 친구가 되겠다고 말씀하십니다. 당신은 이 예수에게 어떻게 반응하겠습니까?

당신이 경쟁 사회의
희생양이 아니라
그 속에서 예수를,
하나님을 온전히 만나는
사람이 되기를 바랍니다.

18 / 무한경쟁 사회 속에서 살아가고 있는 우리에게 예수는 함께하기를 원한다며 찾아오십니다. 삭개오 같은 자를 '아브라함의 자손'이라 하시고, 자신은 잃어버린 자를 찾아 구원하러 왔다고 말씀하십니다. 예수는 자신을 어떤 존재로 여기시는지, 무엇을 진정으로 원하시는지 묵상해 보십시오.

당신 스스로 경쟁 사회 속의 희생자로 살아가는 삶을 계속하겠습니까? 아니면 삭개오처럼 예수를 당신의 집에, 당신의 마음에, 당신의 인생에 영접하겠습니까?

"종교는 있지요. 가끔 마음의 위안도 받습니다.
그런데… 그냥 그럭저럭하고 있죠."
"어차피 사는 게 다 이렇지 뭐, 다른 사람은 안 그런가?
오늘밤엔 영화나 한 편 보거나 술이나 한 잔 하지 뭐."
"다시 태어나야 한다고요? 그게 뭔가요?"
"저는 죽은 다음은 몰라요. 무(無)가 되겠지요.
그냥 지금 삶에 충실할게요."

껍데기만 남은 종교 생활에
길을 잃은 당신을 만난다

4
/

만남의 순간, 넷
니고데모

바리새파 사람 가운데 니고데모라는 사람이 있었다. 그는 유대 사람의 한 지도자였다. 이 사람이 밤에 예수께 와서 말하였다. "랍비님, 우리는, 선생님이 하나님께로부터 오신 분임을 압니다. 하나님께서 함께 하지 않으시면, 선생님께서 행하시는 그런 표징들을, 아무도 행할 수 없습니다." 예수께서 그에게 말씀하셨다. "내가 진정으로 진정으로 너에게 말한다. 누구든지 다시 나지 않으면, 하나님 나라를 볼 수 없다." 니고데모가 예수께 말하였다. "사람이 늙었는데, 그가 어떻게 태어날 수 있겠습니까? 어머니 뱃속에 다시 들어갔다가 태어날 수야 없지 않습니까?" 예수께서 대답하셨다. "내가 진정으로 진정으로 너에게 말한다. 누구든지 물과 성령으로 나지 아니하면, 하나님 나라에 들어갈 수 없다. 육에서 난 것은 육이요, 영에서 난 것은 영이다. 너희가 다시 태어나야 한다고 내가 말한 것을, 너는 이상히 여기지 말아라. 바람은 불고 싶은 대로 분다. 너는 그 소리는 듣지만, 어디에서 와서 어디로 가는지는 모른다. 성령으로 태어난 사람은 다 이와 같다."

니고데모가 예수께 물었다. "어떻게 이런 일이 있을 수 있습니까?" 예수께서 대답하셨다. "너는 이스라엘의 선생이면서, 이런 것도 알지 못하느냐? 내가 진정으로 진정으로 너에게 말한다. 우리는, 우리가 아는 것을 말하고, 우리가 본 것을 증언하는데, 너희는 우리의 증언을 받아들이지 않는다. 내가 땅의 일을 말하여도 너희가 믿지 않거든, 하물며 하늘의 일을 말하면 어떻게 믿겠느냐? 하늘에서 내려온 이 곧 인자 밖에는 하늘로 올라간 이가 없다. 모세가 광야에서 뱀을 든 것같이, 인자도 들려야 한다. 그것은 그를 믿는 사람마다 영생을 얻게 하려는 것이다. 하나님께서 세상을 이처럼 사랑하셔서 외아들을 주셨으니, 이는 그를 믿는 사람마다 멸망하지 않고 영생을 얻게 하려는 것이다. 하나님께서 아들을 세상에 보내신 것은, 세상을 심판하시려는 것이 아니라, 아들을 통하여 세상을 구원하시려는 것이다. 아들을 믿는 사람은 심판을 받지 않는다. 그러나 믿지 않는 사람은 이미 심판을 받았다. 그것은 하나님의 독생자의 이름을 믿지 않았기 때문이다.

_요한복음 3장 1-18절 (새번역)

---

1. 한밤중에 예수를 조심스럽게 찾아온 니고데모의 마음이 어떠했을지 상상하면서 본문을 주의 깊게 읽어 보십시오.

2. 니고데모의 마음속에 있었던 질문은 무엇일지 생각해 보십시오.

3. 예수는 니고데모의 마음속에 있는 질문이 무엇이라고 생각하고 답하셨는지 살펴보십시오.

4. 나의 신앙생활의 약점이 있다면 무엇이고, 예수가 니고데모와 대화를 나누시는 내용에서 그분이 내게 가르치시는 바가 무엇인지 묵상해 보십시오.

19 / 당신이 혹시 교회를 다니며 신앙생활을 하고 있다면, 당신은 어떻게 신앙생활을 하고 있나요? 그러한 신앙생활을 하면서 무엇인가 놓치고 있다고 마음속에 느낄 때가 있지 않나요? 만약 그런 부분이 있다면 무엇인지 생각해 봅시다.

20 / 예수를 찾은 니고데모는 겉으로 보기에는 나무랄 데 없는, 존경받는 종교인이었습니다. 하지만 다시 태어나야 한다는 예수의 말을 알아듣지 못합니다.

다시 태어난다거나 거듭난다는 말을 당신은 어떻게 이해하고 있습니까?

21 / 사람에게는 외면의 세계와 내면의 세계가 있습니다. 사람들은 외면 세계를 꾸미는 방법으로 내면의 세계도 꾸미려 합니다. 예수는 외면 세계가 종교적 행위로 가득 차 있는 니고데모에게 그의 내면에 진정한 변화가 필요함을 깨닫게 하십니다. 교회도 가고, 기도도 하고, 성경도 읽지만 그것으로 충분하지 않습니다.

내면 세계에서 참된 변화가 이루어진 거듭난 사람의 특징은 무엇이겠습니까?

성공하고 있을 때,
그럭저럭
잘해 내고 있을 때는
자신을 보지 못합니다.

22. 예수는 거듭나기 위해서 니고데모에게 필요한 것을 광야에서의 놋뱀 이야기로 설명해 주십니다. 이 이야기를 통해서 예수는 당신이 거듭나기 위해서 가장 먼저 필요한 것이 무엇이라고 말씀하십니까?

당신은 깨어진 세상 속에서 살아가고 있는 당신 자신을 정직하게 바라보고, 하나님을 간절히 필요로 하고 있습니까? 어떤 면에서 그렇습니까?

23 / 자신의 문제를 정직하게 인정하는 것은 중요하지만, 그것만으로 문제가 풀리지는 않습니다. 텅 빈 내면이 다시 태어나려면 원래 주인이 그 중심에 자리해야 합니다. 이를 위해서 하나님은 어떤 대가를 지불하셨습니까?

우리가 예수를 믿는다고 할 때, 그것은 자격 없는 자들, 심판받아 죽어 가고 있는 자들을 위해 대신 죽으신 예수를 받아들여 그분을 주인으로 섬긴다는 것을 뜻합니다. 당신은 이 놀라운 소식에 어떻게 반응해 왔고, 또 지금 어떻게 반응합니까?

성경 속에서 나를 보았네.
캄캄한 밤에 주를 찾아간 나….
주를 만났네.

24 / 예수를 만난 니고데모가 그 자리에서 바로 변한 것 같지는 않습니다. 그런데 예수가 십자가에서 죽으실 때 니고데모가 다시 등장합니다. 그는 살벌한 당시 분위기에 아랑곳하지 않고 예수의 시신을 찾아갑니다. 이를 통해 그사이에 니고데모가 다시 태어났다고 추정할 수 있습니다. 니고데모는 진실하게 질문하고, 진실하게 회의하며, 결국은 거듭남에 이른 것 같습니다.

당신은 거듭났습니까? 거듭나기 위해 필요한 것이 있다면 무엇입니까?

'내가 누구지? 내 가치는 도대체 뭘까?
어떻게 살아야 할까?'
"이렇게 사는 게 전부는 아닌 것 같은데… 지쳐만 가네요."
"쳇바퀴 도는 일상이 풍성하고 황홀한 삶으로?
음… 그게 말이 되나요?"

아무 의미 없이 바쁘고
피곤한 당신을 만난다

5

만남의 순간, 다섯
베드로

예수께서 게네사렛 호숫가에 서 계셨다. 그때에 무리가 예수께 밀려와 하나님의 말씀을 들었다. 예수께서 보시니, 배 두 척이 호숫가에 대어 있고, 어부들은 배에서 내려서, 그물을 씻고 있었다. 예수께서 그 배 가운데 하나인 시몬의 배에 올라서, 그에게 배를 뭍에서 조금 떼어 놓으라고 하신 다음에, 배에 앉으시어 무리를 가르치셨다.

예수께서 말씀을 그치시고, 시몬에게 말씀하셨다. "깊은 데로 나가, 그물을 내려서, 고기를 잡아라." 시몬이 대답하였다. "선생님, 우리가 밤새도록 애를 썼으나, 아무것도 잡지 못했습니다. 그러나 선생님의 말씀을 따라 그물을 내리겠습니다." 그런 다음에, 그대로 하니, 많은 고기 떼가 걸려들어서, 그물이 찢어질 지경이었다. 그래서 그들은 다른 배에 있는 동료들에게 손짓하여, 와서 자기들을 도와달라고 하였다. 그들이 와서, 고기를 두 배에 가득히 채우니, 배가 가라앉을 지경이 되었다.

시몬 베드로가 이것을 보고, 예수의 무릎 앞에 엎드려서 말하였다. "주님, 나에게서 떠나 주십시오. 나는 죄인입니다." 베드로 및 그와 함께 있는 모든 사람은, 그들이 잡은 고기가 엄청나게 많은 것에 놀랐던 것이다. 또한 세베대의 아들들로서 시몬의 동료인 야고보와 요한도 놀랐다. 예수께서 시몬에게 말씀하셨다. "두려워하지 말아라. 이제부터 너는 사람을 낚을 것이다." 그들은 배를 뭍에 댄 뒤에, 모든 것을 버려 두고 예수를 따라갔다.

_누가복음 5장 1-11절 (새번역)

1. 이 성경 구절을 영화의 한 장면처럼 떠올리면서 읽어 보십시오. 밤새 허탕을 치고 그물을 씻고 있는 베드로의 마음을 생각해 보십시오. 당신과 비슷한 점이 있습니까?

2. 이렇게 지친 베드로에게, 옆에서 가르치시고 있는 예수는 어떻게 느껴졌을까요? 예수가 다가와 깊은 곳에 가서 그물을 다시 내리라고 했을 때 베드로는 어떤 생각이 들었을까요?

3. 베드로가 고기를 많이 잡고, 예수께 보인 반응은 조금 이상합니다. 왜 그랬을까요?

4. 예수는 베드로에게 새로운 정체감을 주셨습니다. '사람 낚는 어부'라는 새로운 정체감이 베드로에게 주어졌다면, 내가 예수를 만나 얻은, 또는 얻게 될 새로운 정체감은 무엇일까요?

25 / 일상의 가장 큰 특징은 반복입니다. 시계가 늘 같은 방향으로 돌며 제자리로 돌아오듯 우리도 피할 수 없는 쳇바퀴를 매일 돕니다. 그것마저도 녹록지 않을 때가 많습니다. 일터에는 일터대로, 가정에는 가정대로 매 순간 해내야 하는 일들이 쌓입니다. 쇼핑이나 여행도 잠시뿐입니다. 피곤과 권태는 여지없이 다시 자라납니다.

당신은 일상의 피곤과 권태를 어떻게 다룹니까?

"선생님! 우리가
밤새도록 일했지만
한 마리도
잡지 못했습니다."

26 / 1세기의 베드로 역시 호수에서 물고기를 잡으며 생계를 유지하다 보니 매일 그물을 던져야 했습니다. 밤새워 일해도 때로는 한 마리의 고기도 안 잡혔습니다. 멀리서는 사람들이 모여 누군가의 말을 듣고 있습니다. 열심히 일하는 자신과는 별 상관없는 딴 세상 일처럼 보입니다. 당신의 바쁘고 피곤한 일상이 예수와는 아무런 연관이 없을 것 같지 않습니까? 그런데 예수는 이런 베드로에게 다가오십니다.

당신은 지금 지치고 권태롭습니까? 바로 지금 당신에게 다가오시는 예수를 상상해 보십시오.

27 / 예수가 베드로에게 하신 제안을 베드로가 받아들이기는 쉽지 않았습니다. 그런데 베드로는 그 제안을 받아들입니다.

당신은 예수가 당신에게 어떤 제안을 하신다고 생각합니까? 당신은 내 경험으로는 어림도 없지만, 당신의 말씀에 의지해서 한번 해보겠다고 반응할 수 있겠습니까?

"시몬, 두려워하지 말게.
이제부터 그대는
사람을 낚을 것이네."

28 / 전직 목수이신 예수가 현직 어부인 베드로에게 엉뚱한 요구를 하셨습니다. 결과는 예상과 달랐습니다. 밤새 허탕 친 현직 어부가 부끄러울 정도로 물고기가 많이 잡혔습니다. 베드로는 "저는 죄인입니다. 제게서 떠나주십시오" 하며 엎드렸습니다. 현직 어부는 이 같은 일이 얼마나 비정상이며 기적인지를 알았습니다.

이 사건을 통해 베드로는 예수를 어떤 존재로 인식했나요? 당신은 예수를 어떤 존재로 인식하고 있나요?

29 / 베드로가 예수의 정체를 알아채고 자신은 죄인이라고 엎드리자, 그제야 예수는 베드로를 찾아온 이유를 밝히십니다. "이제부터 그대는 사람을 낚는 어부가 될 것이네." 이 말을 들은 베드로는 배와 그물을 두고 예수를 따릅니다. 베드로는 예수를 만나서 갖게 되는 두 가지 정체성, '죄인'이나 '사람 낚는 어부'를 가지게 되었습니다.

예수가 당신에게 주기를 원하시는 새로운 정체성은 무엇일까요?

베드로가 위대한 결정을 내리고 예수를 따르자 그의 삶은 그가 상상하지 못했던 미지의 세계로 들어갔습니다.

30

베드로가 위대한 결정을 내리고 예수를 따르자, 그는 상상하지 못했던 모험하는 인생을 살기 시작했습니다. 우리는 예수를 만날 때 베드로처럼 고유한 가치를 부여받습니다. 예수는 그 가치를 온전히 드러내며 살아 내라고, 이를 위해 자신을 따르라고 초대하십니다.

예수를 따르기 위해서 당신은 무엇을 하겠습니까?

그리고 오늘 당신을 만납니다

예수를 만난 다섯 사람 속에 있는 나의 모습

나의 모습을 있는 그대로 성찰하는 것은 참으로 소중한 일이 아닐 수 없습니다. 예수를 만난 다섯 사람 속에서 발견한 나의 모습을 적어 봅시다.

• 인생의 고통과 슬픔 가운데 있는… 나인성 과부

• 아무도 모르는 외로움 가운데 있는… 사마리아 여인

• 무한 경쟁 사회 속에서 무너진… 삭개오

• 껍질뿐인 종교 생활 속에서… 니고데모

• 일상의 피곤과 권태 속에서… 베드로

다섯 사람을 찾아오신 예수가 나에게는?

부활하셔서, 지금도 살아 계신 예수는 오늘도 사람들을 만나십니다. 성경에 나타난 다섯 사람과의 만남 속에서 나타나신 예수가 오늘 나를 향해서 다가오십니다. 나는 어떤 예수를 만났습니까? 내가 새롭게 발견한 나에게 다가오시는 예수에 대해 적어 봅시다.

- **나인성 과부에게**
  관에 손을 대며 울지 말라 하시는 예수

- **사마리아 여인에게**
  남편을 불러오라며 예배를 가르치시는 예수

- 삭개오에게
  함께 거하며 아브라함의 자손이라 선언하시는 예수

- 니고데모에게
  내면 세계에 진정한 거듭남이 필요하다고 알려 주시는 예수

- 베드로에게
  나에게 새로운 정체성과 비전을 부여하시는 예수

예수를 알아 가고, 만나고, 따라가는 것을 돕는 자료들

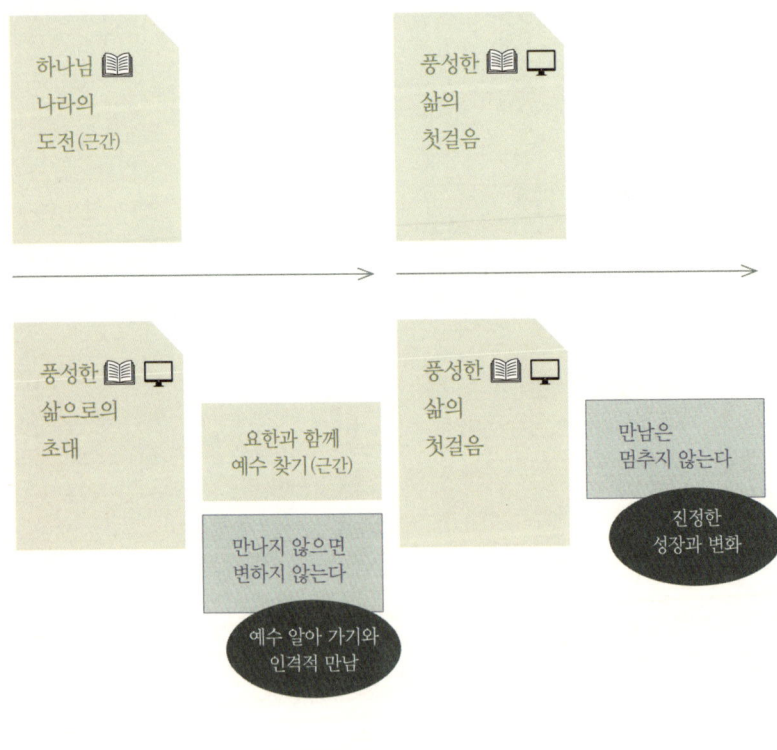

 워크북
 영상강의
🎧 음성강의

풍성한 삶의 기초

제자훈련, 기독교의 생존 방식

공동체, 기독교의 삶의 방식 (근간)

청년아 때가 찼다

교회 안의 거짓말

한국교회가 잃어버린 주기도문

교회를 꿈꾼다

사도행전과 하나님 나라

하나님 나라 복음에 기초한 제자훈련

공동체 신학

사명선언문

너희가 흠이 없고 순전하여……세상에서 그들 가운데 빛들로
나타내며 생명의 말씀을 밝혀 _ 빌 2:15-16

1. 생명을 담겠습니다
만드는 책에 주님 주신 생명을 담겠습니다.
그 책으로 복음을 선포하겠습니다.

2. 말씀을 밝히겠습니다
생명의 근본은 말씀입니다.
말씀을 밝혀 성도와 교회의 성장을 돕겠습니다.

3. 빛이 되겠습니다
시대와 영혼의 어두움을 밝혀 주님 앞으로 이끄는
빛이 되는 책을 만들겠습니다.

4. 순전히 행하겠습니다
책을 만들고 전하는 일과 경영하는 일에 부끄러움이 없는
정직함으로 행하겠습니다.

5. 끝까지 전파하겠습니다
모든 사람에게, 땅 끝까지, 주님 오시는 그날까지
복음을 전하는 사명을 다하겠습니다.

서점 안내

광화문점 서울시 종로구 새문안로 69 구세군회관 1층
02)737-2288 / 02)737-4623(F)

강남점 서울시 서초구 신반포로 177 반포쇼핑타운 3동 2층
02)595-1211 / 02)595-3549(F)

구로점 서울시 동작구 시흥대로 602, 3층 302호
02)858-8744 / 02)838-0653(F)

노원점 서울시 노원구 동일로 1366 삼봉빌딩 지하 1층
02)938-7979 / 02)3391-6169(F)

분당점 경기도 성남시 분당구 황새울로 315 대현빌딩 3층
031)707-5566 / 031)707-4999(F)

일산점 경기도 고양시 일산서구 중앙로 1391 레이크타운 지하 1층
031)916-8787 / 031)916-8788(F)

의정부점 경기도 의정부시 청사로47번길 12 성산타워 3층
031)845-0600 / 031) 852-6930(F)

인터넷서점 www.lifebook.co.kr